Para mi hijo Henry, quien siempre está en mi corazón.

CÓMO VENDER LO QUE SEA CUANDO SEA ©

Ventas Directas

NICOLAS H.

ÍNDICE

1. Introducción
2. Imagen
3. Descubrimiento
4. Mentalizar
5. Tu Discurso de Ventas (Pitch)
6. Crear Valor
7. Rebatir Objeciones
8. El Cierre
9. Seguimiento y post venta
10. Glosario

INTRODUCCION

Para vender un producto o servicio con éxito es necesario encontrar uno con el que te sientas cómodo. Un producto o servicio con el que te identifiques, con el que te puedas mover con destreza; un producto rentable que te motive a seguir adelante.

Si tu llamado son realmente las ventas, quizá desde el principio tengas mucho éxito y logres cerrar un buen número de tratos. Pero por lo común las ventas ofrecen un tiempo de resistencia para el novato. Es como ir cuesta arriba mientras aprendes todos los pormenores del vendedor experto y "colmilludo", como decimos. No hay problema si al principio se te van vivos los clientes porque no pudiste cerrar la venta... Porque no ofreciste el precio correcto, porque no pudiste rebatir una objeción, Porque no encontraste la necesidad del cliente, porque no sonaste convincente, etc. NO HAY PROBLEMA. Estos errores y metidas de pata te van a ir formando y gradualmente vas a dejar de cometer esos errores. Sí que habría un problema si continúas teniendo los mismos problemas.

Al entrar al ámbito de las ventas debes llevar el éxito incrustado en la mente... Porque si hay un trabajo donde se va a necesitar la motivación es en ventas. En ventas la motivación es de rigor. Debes de iniciar tu día mentalizado(a) de que vas a vender todas las unidades necesarias para llenarte el bolsillo de dinero.

En todas las ventas que valen la pena, no hay un salario, hay comisiones y jugosas. Llámense autos, bienes raíces, joyas, conferencias, membresías y paquetes vacacionales, entre otros. En este tipo de ventas te enfrentarás con el hecho de que al final del día no tienes un peso en la bolsa. No vendiste ese día y no hubo comisión. ¡Persiste! En las ventas los números trabajan a tu favor. "Cierra un caso" con un cliente que no compro y muévete al siguiente, enfócate 100% en el siguiente.

Las ventas son el único oficio que te puede dar la mayor cantidad de dinero en el menor tiempo posible.

Esto es por la simple y sencilla razón de que el vendedor se dedica única y exclusivamente a generar dinero. Por ende, las comisiones que puede ganar son ilimitadas. Vender es dinero ilimitado una vez que se descifra ese arte. La clave está en persistir y aprender, en cuidar hasta el más mínimo detalle del proceso de venta. Ya sea vestimenta, voz, postura, momentos de silencio, tacto, etc. El vendedor está al final de toda la línea de producción; de invención, creación, diseño, calidad y marketing. El vendedor viene con su talento a culminar lo que cientos de personas han hecho.

El vendedor realiza el último proceso para que una empresa tenga ganancias y se recapitalice. Por eso el vendedor es tan importante y puede llegar a ganar mucho dinero. Así que si ya te encuentras leyendo este libro es solamente por una razón, te adelanto la bienvenida al emocionante mundo de las ventas. Al ámbito de los ganadores. En esta guía encontrarás un aliado y las técnicas necesarias para cerrar ventas y celebrar tratos importantes. Este trabajo reúne no solo lo que yo sé, sino lo que he aprendido de grandes maestros a lo largo de ocho años. Así que yo no debería recibir todo el mérito.

Finalmente, me gustaría hacer mención de las características normales de un vendedor exitoso. Creo que tiene mucha relevancia que el o ella comienza por vender su imagen, ya que eso da credibilidad. Y como su credibilidad ha de ser impecable, luce impecable. Luce a la altura que vale su producto. El vendedor es elocuente, y habla de una manera fina y educada a la altura del producto que ofrece. El vendedor sonríe desde el primer momento porque sabe que es un "signo" amistoso. Sabe que su sonrisa comienza a "abrir" al cliente y hacerlo bajar su guardia. El vendedor suena convincente, así que modula su tono de voz y es persuasivo. Más aún se siente seguro de sí mismo y conoce todas las versiones y detalles de su producto o servicio. El vendedor es atrevido y nunca tímido. El vendedor es insistente, sobre todo y no "compra" la versión del cliente de que no es el momento para comprar. De ser el caso, el vendedor genuino permanece hasta el último minuto tratando de vender su versión.

De manera que si tú aún no te sientes tan dueño de estas virtudes y cualidades, es momento que comiences a practicarlas y apropiarte de ellas. Y mientras haces eso, puedes apropiarte también de algunas estrellas, nombrarlas y venderlas.

IMAGEN

Mucho antes de que digas una sola palabra tu prospecto ya se está haciendo (o ya se hizo) una idea de ti. El cliente comienza a comprarte o rechazarte dependiendo de tu aproximación hacia él/ella. En este efímero momento vale diamantes en bruto si sonríes, si te ves auténtico, si dices algo apropiado, si muestras interés en el lugar de donde te visita tu cliente, si tomas en cuenta a sus niños o esposa, etc. Pero más que todo esto en tu imagen, en cómo te proyectas y como luces.

Si vas vestido como un profesional, con un buen saco, con un buen reloj, con algo caro sobre ti... Entonces esto coincide con aquel producto o servicio caro que deseas vender. Si llevas un buen perfume puesto tu cliente lo podrá percibir. Pero trata de usar uno sutil, que no sea invasivo y que no enfade. Ya que tu prospecto posiblemente pase horas contigo.

Como yo soy una persona más bien desordenada, me costo algo de tiempo, disciplina y organización cuidar mi imagen. Es muy importante cuidar tu imagen hasta el más mínimo detalle. Cosas como afeitarte o delinear tu barba, llevar los zapatos lustrados, lucir ropa muy bien planchada (que se note el pliegue o raya en tu pantalón y camisa de manga larga), un corte de cabello reciente, manos impecables, etc. ¡Todo esto es importantísimo! Y lo es porque contribuye a la credibilidad que transmites. Tu cliente potencial va al banco, va a catastro, va a la notaría pública, va a la universidad y trata con personas que son profesionistas y lucen como tal. ¡Y deposita su confianza en ellos! Les permite cuidar su dinero, educarle, autorizarle un trámite, etc. Hay un patrón a seguir y respetar.

Si todo(a) tu luces como un(a) profesional y hablas como un profesional, entonces luces como las personas en que tu cliente potencial confiaría. Las primeras impresiones cuentan mucho y después son difíciles de cambiar.

El lucir impecable y profesional también tiene su impacto sobre ti, sobre todo. Porque digamos que desde un principio tú te levantas con la actitud de verte bien y tomas la iniciativa de afeitarte o planchar tu ropa; ¡vaya!, ya estás echando a andar varias vibras y fuerzas positivas. Desde el momento en que decides verte espectacular ya estás trabajando sobre la venta. Y si te ves en el espejo y te sientes bien con tu "look", eso te da confianza en ti mismo y te empodera para dar tu pitch de una manera magistral. Como un máster. Si pasas por alto y no ves la importancia de tu imagen en el proceso de la venta, estas muy equivocado. ¿Cuántas veces has congeniado con alguien y decides comprar aquello que te ofrece? Por contraparte, ¿Cuántas veces no te has topado con una persona desagradable y decides NO comprar lo que te ofrece?

Recuerda que el marketing contempla tres cosas esenciales para la venta de un producto: diseño, calidad y precio. Si tu fueras un producto, y no quiero sonar ofensivo, estarías dejando de lado el diseño completamente.

DESCUBRIMIENTO

Tu primer encuentro con tu prospecto debe de ser muy agradable y fluir de maravilla. Quizá no puedas definir el día y la hora de tu encuentro, ya que eso depende del giro de tu negocio o tipo de ventas. Lo que si puedes definir, es tener todo lo necesario a tu alcance para hacer sentir a tu prospecto cómodo e importante. Si tu prospecto fuma, es buena idea tener un área donde él/ella pueda hacerlo mientras continuas con tu presentación de ventas. Debes tener una cafetera lista y todo lo necesario para ofrecer un café en distintas modalidades. Hay gente que no está tranquila si no ha tomado café. Y si tu prospecto no está tranquilo no tienes toda su atención ni su interés. Si tu entrevista es dentro de una oficina, esta por demas preguntar si la temperatura del aire acondicionado es agradable.

Al igual que las primeras impresiones en un romance, tu primer encuentro define en gran parte como te ve tu prospecto o la imagen que se formula de ti.

Lo que debes lograr en los primeros instantes es romper el hielo entre tu y tu prospecto. Esto lo puedes lograr fácilmente diciendo algo amable con una sonrisa en el rostro. En los primeros instantes con tu prospecto debes procurar que se sienta tranquilo con tu presencia y no que se sienta intimidado. La cuestión es que él sabe que le vas a tratar de vender, entonces quizá esté un poco a la defensiva. Pero si tu estas muy tranquilo y relajado vas a transmitir esto a tu prospecto. Puedes incluso decir una broma muy light, pero a costa tuya, no a costa de tu prospecto ni de otra persona. Desde luego no queremos que tu prospecto se vaya a sentir ofendido ni piense que eres un criticón que se burla de los demás. Pero una broma a costa tuya es muy saludable y de paso les dejas saber que no tienes el ego muy elevado.

Yo solía contar un chiste o dos pero el problema surgía cuando ya se lo sabían y en vez de darme un buen resultado me sentía un poco avergonzado y no sabia que decir después. Por eso decidí mejor decir algunas bromas a costa mía porque vi que causaban gracia y mis prospectos se reían. Si logras que tus prospectos se rían es genial porque estás rompiendo el hielo entre tu y ellos. Estas rompiendo la tensión y justo después de que lo logres puedes seguir con tu presentación de ventas como si nada.

Algo que debes averiguar de inmediato es la necesidad o el motivo de compra de tu prospecto, aquello que si lo mueve a comprar e invertir. Puede ser placer, estatus, diversión, un patrimonio o pasar tiempo de calidad con su familia. Cualquier cosa que sea tu debes averiguar el motivo de compra y lanzar tu discurso de ventas a partir de eso. Claro está, debes enfatizar la calidad de tu producto y relacionar una cosa con la otra en tu charla.

La calidad de un producto es en cierta forma subjetiva, ya que depende mucho del criterio de una persona o de lo que está buscando. Durante tu primera interacción con tu prospecto, muestra mucha calidad como persona. Que la calidad de tu servicio o producto comience contigo. Todo es relativo, al presentarte como una persona fina, comienzas a darle valor a tu producto.

En los primeros ocho o nueve minutos que pases con tu prospecto, debes enlazar una conversación aparentemente casual. Debes plantear preguntas bien formuladas para obtener información necesaria. Esta fase de la venta se llama descubrimiento, porque durante este lapso es cuando encuentras o te das cuenta de las necesidades o motivos de compra de tu prospecto.

Supongamos que te encuentras en el emocionante mundo de las ventas de autos, en las ventas pro-cliente. Y en tu charla inicial con tu prospecto, este te manifestó que a diario hace un recorrido largo y por ende busca un carro que no gaste mucha gasolina.

Ahora ya tienes una pieza de información que te ayudará a vender. Aunado a esto, te puedes hacer el despistado y preguntar: "Disculpe, ¿el auto que busca es para su esposa o para sus hijos?" Quizá te diga: "No, no, es para mi." Pero ahora ya sabes si tu prospecto será la única persona que usará el auto o alguien más. Toda la información que logres reunir es vital y te ayudará a vender en su momento.

Otra pregunta que puedes formular es: "Disculpe amigo, ¿que auto conduce ahora?" En seguida te darás cuenta de que autos se atreve a comprar tu prospecto. Si el te contesta que de hecho está queriendo comprar su primer auto, no dejes pasar la oportunidad de felicitarlo. Además, es muy probable que no sepa mucho de autos y le puedes hablar maravillas del auto que le quieres vender.

Pero si tu prospecto de arranque te manifiesta que quiere comprar un modelo que vio en internet, es tu elección si te enfocas en venderle esa unidad o no. Quizás estés a cierta cantidad de alcanzar tu meta mensual y con ese auto no llegas. Quizás optes por descalificar el auto que busca tu prospecto en pro de venderle otro.

En una ocasión una amiga me pidió que la acompañara a la agencia de autos. Tenía toda la intención de comprar un auto nuevo, pero debido a sus pésimas habilidades para conducir y estacionarse, buscaba un auto pequeño. Se le había metido en la mente un carro pequeño de la marca Chevrolet, hasta ese momento ese era el que ella quería.

Sin embargo, cuando llegamos a la agencia, el vendedor le preguntó a mi amiga cuál era su profesión. Ella le compartió que era bióloga marina y se desempeñaba como maestra universitaria. Al parecer, en cuanto el vendedor escuchó esto preparó su artillería. ¡Claro!, hizo su descubrimiento express y ¡bum!, ataco. Se la jugó y decidió no vender el auto que ella buscaba sino el que él quería vender.

El vendedor le dijo a mi amiga: "Yo no me atrevo a venderle ese auto, ese es para panaderos, y usted es una maestra universitaria… Vea (nos guió hacia otro más vistoso), este es un carro más apropiado para usted. Mírese en él, siéntalo.

El carro que él ofrecía era un carro grande, blanco, de cuatro puertas. Era un carro muy bonito y era fácil hacer un contraste con el carro anterior. Sin mas ni mas el vendedor nos indico que subieramos al auto, y salimos a la calle mientras él conducía. Mi amiga iba en el asiento del pasajero de enfrente y yo detrás escuchando cada palabra del vendedor.

El mencionado vendedor resultó ser muy hábil. Daba su discurso de ventas mientras conducía. En todo momento hablaba como si fuera un hecho que mi amiga iba a comprar el auto. Es decir, asumia la venta.

Básicamente cuando regresamos a la agencia ya solo fue para llenar los papeles de rigor. Mi amiga nunca supo por dónde le llegó la venta. Yo si supe pero no se lo dije, me encanta ver a la gente vender y a los clientes gastar su dinero. El capital tiene que circular.

El descubrimiento no debe tomarte más de unos cuantos minutos. Recuerda que los pasos de la venta se tienen que cubrir en un determinado tiempo. Esa cantidad de tiempo va a variar depende de lo que vendas, pero no te puedes exceder.

Dentro de tu estrategia de venta es muy importante que consideres el timing. Las ventas se hacen en "caliente" y si prolongas mucho una presentación (y tu mejor oferta) el proceso de compra-venta se enfría. El prospecto comienza a considerar muchas cosas que de otra forma no hubiera considerado. Y en muchos casos esto lo hará cambiar de pensar a menos que realmente quiera hacer la compra.

Las mentes maestras de las ventas coinciden en que la mayoría de las ventas se celebran en alrededor de una hora y media. Esto, desde luego, si ya se tiene todo a la mano.

En el caso de bienes raíces, por ejemplo, se le tiene que dar seguimiento al prospecto; quizá porque él o ella tiene que invertir tiempo en ir a ver la propiedad y revisar que esté al corriente con sus pagos, que no sea una propiedad intestada y que esté libre en sí de intereses por parte de terceros. Pero cuando ya todo se tiene a la mano y es hora de negociar, es de sabios optimizar tiempo. Cuando la emoción del prospecto está en la cúspide es cuando haces tu movimiento magistral y vendes.

La curva de la venta representa lo siguiente: al principio la emoción de tu prospecto comienza a subir mientras le hablas de todas las cualidades y beneficios de tu producto; se podría decir que llega a su clímax. Luego comienza a descender cuando muestras el precio. En ese momento comienzas a justificar el precio, pero mas que nada a pichar valor v.s. precio (re-pichar). Comienzas a hablar de las cualidades y emociones que emanan de tu producto, pero no del producto mismo. Poco a poco la emoción de tu prospecto subió una segunda y última vez, y ahí será donde le venderás. Teóricamente su emoción ya no volverá a subir. Pero ahora si puedes hablar en términos grandilocuentes y contagiar a tu prospecto de emoción. Total, ya ha visto el precio y comienza a asimilarlo. Quizás ahora comienza a pensar que aunque tu precio es alto, puede conseguir uno mejor si logra negociarlo. Quizás espera que tu se lo ofrezcas. Tu tienes que hacer preguntas prueba para tener ese feeling. Quizá tu todavia estas a sobreprecio, tienes margen para negociar y ofreces un descuento especial.

MENTALIZAR

La parte de mentalizar a tu prospecto es una muy interesante, ya que incursiona en el campo de la psicología. No se necesita ser un experto para dominar algunas técnicas indispensables para lograr la venta. Esta parte del método de convencimiento es más que nada sugestiva, busca generar expectativa y manipular los deseos o aspiraciones del prospecto.

Si yo tuviera que justificar la parte de la manipulación, simplemente diría que intento dar algo a cambio de algo. Y que, como vendedor, vendo un producto de calidad que cambiará la vida de mi cliente para bien.

Sin embargo, antes de poder venderle a tu prospecto debes romper el pacto que ha hecho con el mismo o con su pareja. Es muy común que las parejas vayan a ver algún producto y se pongan de acuerdo antes y se digan entre sí: "Pero nada más vamos a ver eh, nada de comprar, aunque el vendedor se ponga insistente." También es muy común que digan la misma excusa, que están dando los pagos de un coche o una casa. Estas son las clásicas.

Para romper el pacto puedes decir algo como lo siguiente: "Miren tal vez antes de venir aquí ustedes se pusieron de acuerdo sobre si iban a comprar o no.

Yo entiendo eso porque a veces uno tiene otros compromisos o prioridades. Pero yo solo les pido de antemano que mantengan la mente abierta y me den una oportunidad real. Que al final de mi presentación me den un sí o un no de acuerdo a lo que decidan en le transcurso. ¿Estamos de acuerdo?" Al terminar de decir esto les das la mano a manera de sellar un nuevo trato. Acabas de romper el pacto que ellos tenían y ahora hay uno nuevo. El nuevo pacto o acuerdo es que van a mantener la mente abierta, que te van a dar una oportunidad y que además van a tener que tomar una decisión y darte un si o un no definitivo. La verdad no es mucho pedir pero a veces las personas ni siquiera te dan una respuesta concreta. Por eso la mentalización viene aquí a jugar un rol muy especial.

Tú comienzas a mentalizar a tu prospecto desde el momento en que le entregas un tríptico, o desde que el visita tu sitio web, o desde que lee el e-brochure que le enviaste. Quizá la imagen de una casa en los suburbios le llamó la atención, o tu eslogan "un lugar donde tus niños vivirán felices". O pudo haber sido la descripción del lugar: "Casa céntrica y muy amplia con espacio suficiente para mascotas y plantas. Dos niveles, tres recamaras en la planta superior y dos en la planta baja. Dos baños completos y un medio baño. Cocina integral con barra y comedor adyacente(puede acomodar a una familia grande) Dos de las habitaciones tienen bonitos balcones con herrería artesanal. Cuenta con cochera con puerta eléctrica para dos vehículos grandes. Como plus, la casa tiene cámaras y alarmas instaladas para su seguridad."

La descripción anterior puede sin duda persuadir a alguien de llamarte para obtener más información, o agendar una cita y ver la propiedad en persona.

Si tu eslogan en la venta de casas es "un lugar agradable para hacer un hogar," quiere decir que tu objetivo es vender el mayor número de unidades a familias (nucleares) con hijos. Por ende, si un prospecto te llama para agendar una cita, tu, muy sutil, debes decir: "me imagino que también vendrá su esposa a ver la propiedad..." Y así, de alguna manera, le estás sugiriendo que es importante que su esposa vea la casa también.

Las mujeres son más críticas y más minuciosas, y observaran detalles que no captó el ojo milimétrico del hombre. Pero tú no veas la presencia de la mujer como un factor que te puede arruinar la fiesta. Míralo como una doble oportunidad de vender. Comúnmente son las mujeres quienes terminan por convencer a los esposos de comprar un patrimonio.

Si la propiedad que intentas vender está cerca de un mini súper, de un parque o un gimnasio; cita a tu prospecto en ese lugar, mándale la ubicación para que queden de verse ahí precisamente. Y ya de ahí le pides a tu prospecto que te siga o acompañe hasta la casa, para que vea cuan tan cerca está de dicho lugar. No está por demás darle un tour al prospecto del vecindario y señalar la proximidad a escuelas, negocios, clínicas.

En cuanto lleguen a la propiedad, agradece a tu prospecto solemnemente por haber traído a su esposa. Puedes decir algo así: "No le puedo agradecer lo suficiente por haber traído a su esposa. Ya ve que yo mismo le sugerí que vinieran juntos. Un hogar es el centro de toda familia, donde toman lugar las fiestas y reuniones. Más aún, donde uno ve crecer a los hijos. Por esta razón no me gustaría verlos tomar una decisión tan importante sin el visto bueno de uno o del otro."

Lo dicho anteriormente suena como algo muy común que alguien diría. Pero está cargado de "mentalización" y es muy sugestivo. Tu les estas diciendo que es importante y ya te estás adelantando a decir que es una "decisión" de ambos. Ellos apenas van a ver la casa pero tu ya les estás metiendo en la mente que hay que tomar una decisión. ¡Wow! Y no les estás mostrando una casa sino un "hogar."

Muy sutil y brevemente les estás hablando de las fiestas y reuniones familiares que podrían tomar lugar ahí. De seguro les estás haciendo recordar momentos agradables que han pasado con su familia. Comienzas a mover emociones. Todas estas sugerencias de alguna forma juegan en la mente de tus prospectos y potencialmente cobran fuerza.

La idea es que des información pero siempre dejes algo en el aire, inconcluso, y de esta manera generes expectativas y dudas. De esta manera tu prospecto sabe (inconscientemente) que debe saber más, porque le estas dando piezas incompletas de información. Entonces el cerebro en automático busca resolver la duda, conocer la pieza restante. A esta técnica de ventas se le llama "seeding", que viene de la palabra seed (semilla).

De esta manera tu solo vas plantando las semillas y esperas que broten las expectativas, dudas y el interés de tu cliente. Para mí el seeding es una técnica muy interesante. Una vez que dominas el seeding le vas dando las pistas necesarias a tu prospecto para que el mismo genere las preguntas. Es preciso que le digas que en su momento le explicaras, pero que lo hagas muy cortésmente. Esto incrementa la duda y anticipación en tu prospecto. Ahora comienza a interesarse.

La palabra clave de la mentalización es IMAGINA. Te sorprenderás pero tiene un efecto enorme. Modula tu tono de voz a uno de convencimiento y mantenlo. Di "imagina" como si estuvieras revelando algo muy confidencial.

AL TRATAR DE VENDER UNA MEMBRESÍA…

"Imagina que ya tienes la membresía de este club, ahora no sólo puedes traer a tu familia a un lugar prestigioso de vacaciones; sino que también puedes traer a tus amigos e invitar a tus superiores. Recuerda, esta membresía es por quince años. Estarás garantizando que tú y tu familia van a vacacionar pase lo que pase con la economía. ¿Estás de acuerdo? Básicamente estas pagando las vacaciones del futuro con el precio de hoy, y tu y yo sabemos que todo sube de precio. Lo que estarás haciendo es evadir la inflación."

AL TRATAR DE VENDER UNA CASA….

"A ver, imagina que ahora ya vives aquí, en tu propia casa, eso te dará un sentido de orgullo. Eso te empujara a hacerte de mas cosas, de un patrimonio. Te vas a beneficiar en muchos aspectos. A ver, me compartiste que te toma una hora llegar a tu trabajo, ¿cierto? Si vives aquí solo te tomará 20 minutos. Imagínate, el ahorro a tu tiempo de calidad. Son cuarenta minutos en la mañana y cuarenta en la tarde. Si las sumas, pasas más de 26 horas al mes yendo y viniendo. Ahora podrás utilizar todo ese tiempo en lo que tú quieras y te ahorraras el estrés. ¿Qué te parece eso?"

AL TRATAR DE VENDER UN AUTO…

"Imagina que ahora ya tienes tu auto, y te evitas de andar pagando Uber o taxi. Te evitas de andar caminando distancias largas cargando tus cosas. Ahora podrás ir a donde quieras en menos tiempo, sin necesidad de tomar autobuses saturados y malolientes. Créeme que al final del día, cuando vayas en el camino al volante de tu carro, escuchando música, me lo vas a agradecer. Te vas a sentir muy independiente y autosuficiente.

El vendedor dinámico debe de usar todo lo que esté a su alcance para lograr la venta. Una vez realizada, se mueve a la siguiente.

Parte de tu "seeding" o semilleo puede ser mencionar clientes de renombre que han comprado tu producto. Menciona a los mas bien conocidos de tu cartera de clientes. Esto podría sonar como a una historia de terceros, pero no lo es. No lo es porque no vas a dar todo el dato. Solo vas a mencionar que tal y tal celebridad ya son tus clientes.

En cualquier tipo de venta, y sobre todo hoy en día, la credibilidad es determinante. La información que le vas dando a tu prospecto debe de ser respaldada o verificable. No todos los prospectos toman tu versión como la oficial, ni creen todo lo que sale de tu boca. La mayoría de los prospectos llevan un celular en la mano, y mientras les das la información, ellos la van buscando en internet. Si les dices algo que no es, y ellos lo hallan en internet, estás perdido.

Cuando me encontraba en las ventas de bienes raíces, yo solía llevar conmigo una computadora laptop. Parte de mi pitch era hablar de los precios relativos en la ciudad. En seguida mostraba al prospecto información en tres diferentes páginas web que eran de mi creación. Claro, esto no lo sabía mi prospecto. Aunque la información en mis páginas era real (y aparecían los números de otras empresas), solo aparecían ahí propiedades que se vendían a precios por encima de los míos. Yo había filtrado toda la información y seleccionado solo las propiedades que se ofertaban al nivel de los míos o más altos. El prospecto veía los precios de tres fuentes diferentes y no veía los que yo no quería que viera. Esto requería algo de creatividad por mi parte.

Es bueno que cuentes con tus propias fuentes a la mano, ya sea que uses una laptop o Tablet para que muestres tus páginas a los precios de la competencia. Ya sea un artículo, un volante o una publicación en una revista. Esto hace ver tu precio relativamente bueno, comercial y en el mejor de los casos bajo. Todo esto le proporciona información fidedigna e instantánea a tu prospecto, y así puede entender o razonar tu precio y/o tu calidad.

TU DISCURSO DE VENTA

(PITCH)

Un "pitch" es el elaborado discurso de ventas que usa un vendedor para convencer a un prospecto. Un pitch debe de ser convincente y contener información relevante, aportando detalles e incentivos; sobre todo haciendo énfasis de todos los "plus", cualidades y cosas buenas del servicio o producto que se oferta.

Durante, o al final de un pitch se trata de cerrar una venta. Por tanto, un buen pitch incluye preguntas propositivas, preguntas cierre (tie downs) y números, muchos números. Dicen las mentes maestras de las ventas que, al final del día toda negociación se reduce a una sola cosa: el precio. Por eso durante el discurso de ventas debes mostrar números que tengan sentido para tu prospecto.

Es muy normal que durante el pitch muchos vendedores no solo hablen, sino que escriban y dibujen. Muchos utilizan un T-pitch(xxx) para comparar los beneficios de su producto contra los de la competencia. Es sumamente importante que escribas y dibujes durante tu pitch, ya que hay gente más visual que auditiva.

Tu pitch debe cubrir toda la información que motive a tu prospecto a comprar. Tu pitch es sin duda la parte más importante y esencial de la venta; pero no debes comenzar a "pichar" desde un principio. Si comienzas a pichar desde un principio, tu prospecto te tomará como un vendedor más del montón. Se deben respetar los pasos y proceso de venta. Primero es la presentación, el descubrimiento y el seeding. En ese orden. Durante los tres anteriores tratas de congeniar con tu prospecto, debes buscar "tierra común" y descubrir su necesidad o lo que lo motiva a comprar.

Cada "nudo" o paso de la venta tiene un propósito diseñado por mentes maestras. Debes seguir estos pasos y apegarte a ellos, porque estos ya se han puesto a prueba y funcionado. Es en sí mi versión del método de venta universal del que leerás en otras obras.

No es necesario gastar más tiempo/energías en un paso que en otro, sino solamente lo necesario. Aunque te debes de saber tu pitch de memoria como tu canción favorita, no debes decirlo tan mecánicamente. Se trata de que suenes genuino y no como un robot. No como esas señoritas de las telefónicas que describen sus servicios mecánicamente.

Haz las pausas necesarias durante tu diálogo. Haz preguntas cierre (ver Glosario) para tener la aprobación continua de tu prospecto. Algo así: "¿Todos buscamos dejar un legado no?" Otra: "¿Todos buscamos crear un patrimonio y seguridad para nuestros hijos, cierto?" Es obvio que a estas preguntas vas a recibir un sí.

Tales preguntas cierres son obvias y las dices durante tu pitch. El objetivo de estas preguntas es solo conseguir que tu prospecto diga si, de ponerlo en MODO SI desde un principio y que se vaya habituando a decirte que si.

Tu discurso de ventas va a tener unas variantes, dependiendo de tu prospecto y de lo que hayas logrado averiguar en el descubrimiento. Si te mueves en el ámbito de bienes raíces, y tu prospecto te externo que le gustaría invertir y diversificar sus negocios, háblale de invertir en bienes raíces. Para nada digas "comprar." Hable de la solidez de invertir en "bienes raíces", del crecimiento anual en el precio de cierta zona y la constante demanda. Gasta unos minutos en hablarle de la plusvalía y asegúrate de manejar un número: "Nomas por el hecho de invertir en esta propiedad, ojo, vas a ganar quinientos mil pesos en tres años por el incremento de su valor. Si a esto le sumas otros trescientos mil de las rentas… Tu dime si quieres cobrar ese cheque…"

Tu discurso de venta tiene que estar trabajado e ingeniado de tal manera, que tu prospecto se sienta un verdadero tonto si no compra lo que tu vendes. Puedes decir algo como: "A ver, con todos estos beneficios, ¿quién no se atrevería a comprar?"

A través de tu pitch di algo sustancial y luego guarda silencio, déjalo surtir efecto, déjalo hundirse. Dale tiempo a tu prospecto para procesarlo y déjalo que él mismo conteste. Haz esto una y otra vez, di algo sustancial y guarda silencio.

Todo lo que dices tiene un efecto en tu prospecto, siempre y cuando sea algo lógico.

Parte de tu discurso de ventas es contarle una historia de terceros a tu prospecto. Una historia de terceros es un relato corto y creativo sobre cómo otra persona terminó comprando tu producto. Esta historia está diseñada para motivar a tu prospecto a comprar y no hacerlo sentir como el único loco que gastaría en lo que tu vendes. Creeme, esta técnica es utilizada por todos los grandes vendedores. Como el vendedor siempre debe asumir la venta, y actuar como si es un hecho que el prospecto comprará el producto, la historia debe ser algo más o menos como la siguiente que yo utilizaba en la venta de condominios y departamentos. "Que cree doctor? Ese condominio de ahí ya está vendido. Hace dos meses vino un empresario de Aguascalientes, yo le había dado seguimiento por todo el año pero él no había podido venir. Es una persona ocupada, doctor, como es su caso. Pero tenía ganas de invertir en una buena propiedad aquí en la playa para vacacionar con la familia. Así que finalmente vino y decidió ser parte del club de propietarios. Le gusto lo que ofrecemos, mantenimiento constante, seguridad, estacionamientos, albercas, proximidad a la playa… Es realmente muy cómodo, y la gente que trabaja así se debe permitir estos lujos. Le voy a compartir algo, los clientes que vienen aquí quedan encantados con el lugar. A partir de ahí es solo cuestión de negociar los números. Si usted se decide hoy, doctor, el señor Peralta será su vecino. El viene aquí por lo menos dos veces al anio, creo que le saca buen provecho a su condo. Él es una persona muy agradable y con mucho tema de conversación. Creo que se la llevarían bien…"

A lo largo de tu pitch debes contar historias de terceras personas. Esto es una técnica milenaria del vendedor, y ayuda a motivar a tu prospecto. Di algo más o menos así: "El otro día vendí una membresía para el club como esta. Vino un señor de León con toda su familia. Estaban encantados con el lugar, el spa, la playa, el kids club, ya sabes… Les mostré la membresía Platino porque esa les brinda el nivel de lujo al que están acostumbrados. Tal como es tu caso. ¿Y qué crees? No se tardaron en ver el beneficio de ser miembros del club. Les hice ver cuantos miles se iban a ahorrar por vacación y ¡bum!, firmaron. Ese día celebramos con champagne y más tarde los invite al Sonora Grill Prime, un restaurant de cortes finos. El mejor en Puerto Vallarta, para mis gustos."

Tus historias de terceros no necesariamente son mentiras ni necesariamente son verdades. Un compañero de ventas, Pedro, acostumbra tomarse fotos con sus clientes para después reforzar sus historias. Plática la anécdota de cómo vendió y en seguida muestra las fotos. Esto le da mucha credibilidad porque cuenta la historia con mucha naturalidad. Como algo que ocurre muy a menudo.

Un buen pitch de ventas se divide en tres partes, la parte informativa, la parte propositiva y la parte definitiva. En la primera parte das toda la información relevante de tu producto. En la segunda parte te tornas más propositivo (y algo agresivo) y comienzas a empujar la venta hacia tu prospecto. La tercera y última parte es definitiva; en esta definitivamente tratas de cerrar la venta y rebatir todas las objeciones posibles.

Si al final de tu descubrimiento, o en otro momento propicio, lograste aislar una objeción, ese fue un punto a tu favor, pero obvio no la tenías que rebatir de inmediato. El momento propicio para rebatir una objeción que se logró aislar, es durante el cierre. Cuando ya no queda ningún otro obstáculo y vas por el dinero.

Un pitch de ventas y, en general, el tiempo que pasas con tu prospecto, no tiene que durar tanto tiempo. Los expertos aseguran que la mayoría de las ventas se celebran en alrededor de 90 minutos. Puede ser más o menos, pero recuerda, siempre tómate el tiempo necesario. Yo me he pasado hasta siete horas con un cliente para lograr vender. Lo cierto que si transcurre mucho tiempo tu cliente comienza a tener pensamientos secundarios y se enfría la venta.

Al final del día todo se reduce al dinero. Pero no esperes que tu cliente te lo diga, tu ve y muestra un número más atractivo. Boxea los números y beneficios hasta escuchar un si de tu cliente.

CREAR VALOR

El crear valor es un nudo de la venta que se comienza a hacer desde el momento en que presentas el producto o te refieres a él. En el año 2014 fui contratado para entrenar vendedoras de una cadena de joyerías turcas en México. Cuando llegué a la primera joyería de inmediato me di cuenta que las vendedoras no tenían ni idea de lo que era crear valor. Las chicas pensaron que mi entrenamiento iniciaría por dejarlas vender mientras yo observaba o les hacía sombra. Y que, después de evaluarlas y tomar mis notas, les diría mis aportaciones.

Yo también considere hacerle así, pero ningún vendedor actúa ni fluye igual mientras sabe que es observado y calibrado. Por tanto comencé por darles instrucción sobre crear valor. Para acercarme a ellas y hacer equipo, di paso a una actividad divertida. Les dije: "vamos a hacer un reacomodo creativo y cambiar el setting de la joyería." Hicimos muchas cosas interesantes a continuación; colocamos las joyas en estuches lujosos, y a muchas de las piezas les pusimos una etiqueta con su nombre. Es decir, nos dimos a la tarea de nombrar las joyas. Así pues, nombramos una esmeralda "paradis perdu" (paraíso perdido), y otra se llamó Marry Me (cásate conmigo), que era para variar un anillo de compromiso. Y otra, si mal no recuerdo, se nombró Alhelí... cientos de nombres.

De esta manera les dimos más identidad a las piezas y las colocamos sobre piedras comunes. De esta forma contrastaban más dentro de los aparadores. Las chicas estaban encantadas y llenas de expectativas.

Para completar la ecuación trajimos una cámara e hicimos un anuncio que leía: "Aquí casual, shopping en Desire." Entonces ofrecíamos a las personas tomarse fotos con el anuncio para subirlas a las redes sociales. Esta acción tenía un doble propósito, dar a conocer la joyería y el producto y que las personas pudieran ver cómo lucían con las joyas. Aunado a lo que hicimos, las chicas agregaron más iluminación donde era necesaria y cambiaron la música que ahí se escuchaba.

Las chicas eran guapísimas, lo cual era buen marketing, solo les hacía falta crear valor y ser más propositivas. Una de ellas, de nombre Edna, me dijo: "Nicolás, lo que estamos haciendo es genial." Sí que lo era. En un mes logramos un incremento sostenido del 10% en las ventas de las joyerías.

Sustituimos por completo la palabra "comprar" por "invertir". Y a partir del entrenamiento las chicas preguntaban: "¿Le gustaría invertir en oro o piedras preciosas?"

Antes de mostrar un precio yo comienzo por justificarlo y darle sentido. Explico que es arte (por ejemplo), y que el artista invirtió cincuenta o cien horas de su tiempo y talento en crear cierta pieza. Si es una joya, explico que la piedra incrustada ahí es especial porque fue extraída de la mina del lobo, la cual ya no se encuentra en funciones. Tengo que tener una historia para hacer mi producto especial y único.

Para crear valor es muy importante que conozcas tu producto a fondo, para poder "entreverar" esa información en tu discurso de ventas. En el caso de la joyería tuvimos que repasar información sobre la procedencia de los diamantes, rubíes, tanzanitas, zafiros, etc. Repasamos los tipos de cortes en una piedra preciosa o diamante, lo que le da claridad a un diamante, profundidad, valor (karats) y donde se encuentran los mejores cortadores de diamantes del mundo.

Como vendedor siempre te vas a enfrentar a las personas que buscan un mejor precio, que muy posiblemente también son vendedores de algún otro producto. Muchas personas dan por hecho que porque un producto tiene una etiqueta con un precio, ese precio es inmutable. Pero muchos otros sabemos que detrás de cada etiqueta bien colocada se esconde un mejor precio. ¡Es cosa de hablar con el gerente! Las vendedoras se enfrentaban a este problema constantemente, y como no eran de un carácter muy fuerte les costaba trabajo superarlo. De verdad es difícil educar a un prospecto que está dispuesto a comprar (dinero en mano) pero que busca un mejor precio. Digo, no vivimos en países árabes, porque allí de hecho es parte de la cultura el regatear los precios. Y bueno el cliente está en su derecho de ofrecer un precio por un producto, es lo más justo.

"En conclusión," les dije a las chicas, "para evitar este problema necesitamos crear valor y educar a nuestros clientes." Una de las reglas de oro de las ventas es: No bajes el precio, mejor sube el valor. ¿Y cómo vas a subir el valor? Bueno tienes que educar a tu cliente sobre lo que le estás ofreciendo. Quizá él o ella cree que le estás ofreciendo algo muy parecido a algo que ha comprado antes, y por ende cree que es de menor calidad. Por eso debes de hacerle preguntas y hacer un buen sondeo de lo que tiene en mente. De esta manera le puedes enfatizar que lo que tu ofreces es mucho mejor por equis y ye razón.

Si lo que estoy vendiendo es una pieza de oro, comienzo por hablar del kilataje de la pieza, después por el peso y por último del trabajo invertido en su diseño. Es muy probable que sustraiga una calculadora y haga una suma de los tres anteriores. Le voy a dar el valor comercial a cada gramo de mi pieza y un precio justo al trabajo del artesano. Al final, el número que arroje la suma tiene que ser mi número con una mínima variante. Para esto debo de estar listo y al día con los precios de los metales finos. Para esto debo de estar preparado para hacer esta suma y lo debí de haber practicado cien veces para hacerlo en fracción de segundos. En las ventas tienes que hacer varios movimientos rápidos y ser un as. Si es a lo que te dedicas y es de lo que ganas, ¿por qué no practicar y pulir tus habilidades?

Aparte de crear valor al educar a tu cliente sobre tu producto, debes buscar la manera de justificar el precio. Te voy a dar un tip buenisimo. Cuando me dedicaba a vender autos usados, desarrollé una técnica para justificar mi precio que me daba buen resultado. Claro, la fui puliendo poco a poquito. Cuando un prospecto me decía: "Oye, ¿pero porque pides cuarenta y cinco mil por este auto, si es un modelo de hace quince años?" Yo de inmediato comenzaba a justificar mi precio enumerando todo lo que acababa de invertir en el auto. Le decía: "Mira, el coche está recién pintado, pintarlo me costó $3000, aparte le acabo de poner la batería nueva, ven a ver. La batería me costó $1700, tú dirás, bueno, me lo tiene que entregar con una batería, claro, pero esta batería no te dará problemas en tres o cuatro años. También considera que el auto está recién tapizado, y ese trabajo me costó otros $2500 pesos. Y por último, la llanta extra es nueva, y no es cualquier llanta, es una Michelin. Entonces no te estoy dando el coche en $45,000, realmente te lo estoy dando en $37,000 o algo así, digo, si consideras lo que le he invertido recientemente..."

A partir de ese punto mi prospecto no podía negar la inversión reciente que era obvia, pero solo era una pantalla de humo que yo usaba para ganar terreno en la negociación. Aparte, el haber arreglado un poco el auto me ayudaba a darle un mejor aspecto y venderlo más rápido y a mejor precio.

Los buenos negociadores me decían "bueno, al vender el auto en $45,000 me lo tienes que entregar en buenas condiciones. Los gastos que hiciste eran necesarios para venderlo." La verdad era cierto lo que decían, pero yo ya los había anclado al precio inicial. De esta manera cualquier otro precio que presentara a partir de ahí se veía como una oferta. Es muy importante que cuando abras con un precio lo pelees y lo justifiques, porque de esta manera estás "anclando" a tu prospecto a ese precio. Después debes encontrar una excusa para bajar tu precio pero debes demorarte, tu cliente ya se había habituado al precio inicial y cualquier otro número más bajo que vea le resultará atractivo.

En conclusión, no debes bajar tu precio, debes crear valor. Debes abrir con un buen precio (que te de margen de negociación), justificarlo y pelearlo; al justificar y pelear tu precio ya estás anclando a tu prospecto mentalmente a ese precio. Después encuentras una razón por la que sí puedes mejorar tu precio y "zas!" venta.

REBATIR OBJECIONES

Todos queremos vender, desde luego, eso nos hace vendedores. Sobre todo porque la mayoría de los vendedores realmente son remunerados por las comisiones. Pero ninguna venta es regalada, excepto aquellas que son pro-cliente o de plano una venta regalada ("lay down.") Sin embargo, la mayoría de las ventas están detrás de numerosos "no" y son algo así como un reto.

El prospecto te va a presentar todo tipo de objeciones, tanto nuevas como las ya conocidas. Las clásicas son las siguientes: Necesito tiempo para pensarlo, Este no es el momento indicado, Ahorita no puedo hacerlo porque acabo de comprar una propiedad, etc. Es muy posible que tu prospecto traiga estas objeciones a la mesa de negociación. Si todo mundo dijera SÍ a la primera propuesta de venta, todos podrían ser vendedores exitosos con el menor esfuerzo posible.

Para los maestros de la venta un "no" es lo más genuino que pueden escuchar de un cliente. Si el cliente está siendo honesto contigo te va a decir que "no" y simultáneamente te va a presentar una o más objeciones. Si tal es el caso lo único que tendrás que hacer será rebatir esas objeciones, aclarar dudas y volver a tu discurso de convencimiento.

Por el contrario, si la persona que tienes frente a ti es falsa, solo te va a dar por tu lado, asintiendo con la cabeza y accediendo a todo lo que dices. Aunque en realidad no ve la hora para irse y salirse de tu presentación de ventas. Incluso hasta te dirá el mismo que si ve las cualidades y cómo tu producto o servicio le beneficia, pero que no tiene el dinero o no quiere comprarlo. En este caso tu prospecto solo quiere ganar tiempo y adelantar tu presentación. Te corta la inspiración y te desarma porque no te plantea ninguna objeción y él mismo enumera las cualidades de tu producto, pero te dice que no es para él por equis razón. Con este tipo de prospectos no queda más que darles duro en el ego o dejarlos ir. Puedes decir algo como: "Muy bien, yo se que este producto es muy exclusivo y no es para todo mundo." Otra línea que puedes usar es: "No creo que esto sea mucho para usted, no se, usted dígame." Estas frases sin duda son agresivas, pero solo serán tu último recurso. De lo contrario tu presentación se tardara horas y no surtirá ningún efecto sobre tu prospecto.

La otra vía que puedes tomar es la del desgaste, que consiste en continuar con tu prospecto y crear valor. Vas a enumerar las razones del porque no es un gasto, sino una inversión. Vas a hablar detalladamente de la plusvalía o del valor intrínseco de tu producto (o servicio) Le vas a decir a tu prospecto "Mire, ahorita vale este precio, pero en diez años habrá subido a tanto." Debes sonar muy informado y darle proyección a tu manera de rebatir las objeciones, con ideas claras y lógicas. Otra cosa, tienes que escuchar a tu prospecto, no debes hablar por encima de él y debes buscar la forma de superar sus argumentos sin irritarlo.

Cuando me dedicaba a vender autos usados me encontraba con muchas objeciones por parte de mis clientes. Claro, era fácil hallarles defectos a los autos ya que no eran nuevos. Pero con la práctica y algo de fe fui aprendiendo a rebatir todas las objeciones comunes y las no tan comunes.

Crear valor, como se ha mencionado ya en el capítulo anterior, consiste en repasar y enumerar con entusiasmo todo lo bueno de tu producto. La idea central es mentalizar a tu prospecto de que tiene ante él algo muy bueno que cualquier otra persona estaría dispuesta a comprar. Y que, de no hacerlo, estaría dejando ir una buena oportunidad de negocio. Acto seguido enumeras todas las "cosas" que no va a tener si no compra. Utiliza preguntas como las siguientes: ¿Prefiere seguir batallando con su equipo viejo? ¿No cree que es momento de elevar sus estándares? Señor, dígame claramente, ¿no se merecen esto usted y su familia? ¿Cree que le hago un daño al ofrecerle mejor calidad y servicio? (Di esta última con un tono casi ofendid@)

Algunas veces el prospecto te va a presentar objeciones porque tiene sus ojos puestos en la competencia. Para todo esto, si eres sagaz, debes conocer la competencia y rebajarla ante tu prospecto, si es posible mediante un T-pitch. (Ver ejemplo)

Todo lo que tienes que hacer es dibujar una T en una hoja en blanco, de un lado (en la parte superior) pones Yo y en el otro el nombre de la Competencia. Comienzas por escribir de arriba hacia abajo todos los beneficios o plus de tu producto. Hablas mientras escribes (esto es genial y funciona con la gente visual) Cuando has terminado con esa columna, escribes del otro lado todo lo inferior del otro producto. Así enumeras y enfatizas todo lo malo o de poca calidad del otro producto, rebatiendo la objeción de que el otro producto es mejor que el tuyo.

Quizá en lo único que sea mejor del otro producto sea en el precio, pero lo barato sale caro al final. Tu nunca debes de mencionar lo malo de tu producto (aunque tampoco esconderlo) ya que el mismo prospecto se dará cuenta. Al vender, tu enfócate en hablar de todo lo bueno de tu producto solamente.

El T-pitch o comparativa de T es muy común en los negocios. Mediante esta comparativa le haces ver a tu prospecto porque tu producto es mejor, pero también te ayuda a rebatir objeciones sobre la calidad o el precio.

Para rebatir una objeción no es necesario que interrumpas a tu prospecto, debes escucharlo y mejorar tu servicio o producto para que la próxima vez ya no exista esa objeción. Claro, el prospecto tiene miedo a gastar su dinero por eso a veces tendrá unas objeciones muy tontas. Tu debes de tratar de tener un buen argumento para estar por encima de tales objeciones.

En una ocasión, cuando yo vendía membresías de tiempos compartidos, una persona estaba muy indecisa sobre comprar o no la membresía. Al final se pudo sincerar conmigo y me dijo que no confiaba mucho en la legalidad del club. Como ya llevábamos varias horas en el estira y afloja le dije lo siguiente: "Te entiendo Marie, y puedo ver que no te sientes muy segura de hacer esta inversión. Pero también veo que te interesa, como tu me dijiste, te encanta este lugar. Y bueno, ya llevamos varias horas aquí, y tu método de pago es con tarjeta… Te propongo algo, paga la membresía y a partir de mañana averiguas todo lo que tengas que averiguar sobre esta empresa. La ley te da hasta siete días para cancelar, si de plano no te convence pues cancelas y ya. ¿De acuerdo?" Increíble pero funcionó, Marie solo buscaba una solución instantánea ya que tenía que tomar una decisión en ese momento.

A veces tu prospecto busca justificar porque va a hacer una compra o necesita una pequeña solución a una decisión repentina. Una válvula de escape. Tu tienes que proporcionar cualquiera de las dos a tiempo, recuerda. Una vez que la gente hace una compra regresa a su vida cotidiana y muchas veces no se dan el tiempo de cancelar aunque así lo quieran. En mi caso, Marie nunca canceló, una decisión tomada tiene muchas probabilidades de prevalecer.

Es como cuando estás convencido que el servicio que ofreces es buenisimo y tu prospecto está que si y que no y le dices: "Mira, te voy a dar una semana de prueba gratis, si no te funciona respeto tu decisión. Al final de cuentas no puedes saber que tan bueno es hasta que veas como funciona y los resultados que traerá." Es muy probable que a la semana regreses y tu prospecto esté listo para firmar un contrato por tus servicios.

Cuando vendía autos usados pasaba mucho tiempo anotando las objeciones comunes que me interponían los clientes. En consecuencia trataba de generar el mayor número de formas de rebatir esas objeciones en mi mente. De alguna forma este ejercicio era buena práctica y cuando se presentaban dichas objeciones yo ya sabia que decir y cómo rebatirlas de inmediato.

Para dar un ejemplo, una vez yo estaba vendiendo un auto muy bueno pero con la pintura dañada. Uno de los prospectos de inmediato puso eso como una objeción. A esto yo le respondí: "Es cierto amigo, la pintura está dañada, por eso te lo estoy dando en $50,000, para que cuando lo pintes lo puedas vender en $55,000. Así el tiempo que lo uses será gratis."

Debes de tener varias cosas que decir y contestar de manera rápida para que tu prospecto no llegue a profundizar mucho sobre una objeción. En la mayoría de los casos tu prospecto si quiere comprar y solo genera objeciones para conseguir un mejor precio.

En otra ocasión sucedió algo más interesante. Yo estaba vendiendo un auto a muy buen precio, y como lo estaba ofertando en Marketplace de Facebook, me estaban lloviendo propuestas. Dije: "Wow, no se lo puedo mostrar a todo mundo ni tengo el tiempo para que vengan a probarlo. Ya se, se lo vendere al primero que me de el dinero sin mas ni mas." Ya sabes, el problema de vender en una pagina publica es que todo mundo tiene algo que decir. "¿Cuanto es lo menos?" "¿Todavía está disponible?" "¿Donde lo tienes?" "Te doy $48,000, dinero en mano..." Bueno ese era el caso con ese auto, pero un prospecto en vez de enviar mensaje me llamo al numero que publique en la pagina. Me dijo: "¿Donde lo tiene?, ok, muy bien, voy para allá y hacemos trato." Esa es la manera de hacer negocios, pensé. Si el vendedor publica el número llamale y ya. Nadie tiene tiempo de contestar tanto mensaje. Total, el susodicho llegó a mi domicilio de inmediato. Era un negociador de autos que se dedicaba al trueque, él bien sabía que si no compraba el auto alguien se lo iba a ganar.

¿Cómo me di cuenta que se dedicaba a comprar y vender autos?, fácil, al empezar a negociar sacó un rollo de billetes para hacerme saber que mi dinero estaba ahí sin mas ni mas. Mmm viejo truco, pensé, y a veces suele funcionar con gente urgida de dinero. Cuando mi prospecto empezó a poner objeciones a la compra del auto, todo lo que tuve que hacer fue decirle: "Mira amigo, tu y yo nos dedicamos a lo mismo. Y si te quieres ganar unos cuantos miles con este auto, acepta mi precio y ya. Tengo muchas personas que lo están queriendo comprar y puedo conseguir lo que pido (le mostré mi celular), ve la demanda que tiene." Aterrice la venta sin mas ni mas, no le estaba dando mucho a ganar a mi cliente pero si tenía margen para ganarse unos cuantos miles.

El Youtuber Dan Lok dice que es mejor eliminar las objeciones que rebatirlas. No es tan simple como parece cuando vendes cosas usadas, y lo que es bueno para unos no es bueno para todos. El prospecto se va a inventar las objeciones que no existen, y va a ser tu trabajo y el de nadie más de rebatirlas. Tu eres el vendedor y debes de ir al campo de la venta con muchos más argumentos y técnicas que un comprador. Más que nada, tu habilidad de superar objeciones será lo que te hará un vendedor exitoso y no uno más del montón.

Ahora te explico la técnica de aislar una objeción, la cual te puede resultar muy útil a la hora de rebatir objeciones. ¿Cómo se aísla una objeción? Bueno tu no sabes en qué momento el prospecto te va a comenzar a presentar las objeciones, lo puede hacer en cualquier momento. Pero si comienza muy pronto (durante tu presentación) ya es un indicador de que estará muy renuente a la compra.

Cuando el prospecto te presente la primera objeción tomala con buena aceptación y di lo siguiente: "Te entiendo Luis, ¿es esa la única objeción que te detiene de comprar ahora?" Lo mas seguro es que dira que si porque no esperaba esa respuesta. No le das tiempo de pensar más a fondo y generar otra excusa. Con tu pregunta bien calibrada (¿es esa la única objeción que te detiene de comprar ahora?) estás aislando su objeción. Perfecto, pero la objeción sigue ahí, ¿ahora qué hacemos? Bueno cuando tu prospecto admite que sí, que esa es su única objeción, tú le dices lo siguiente: "de acuerdo

Luis, y creeme que te entiendo, pero déjame platicarte de otras cualidades que tiene mi producto. Básicamente continuas con tu discurso de venta y tu ruta de convencimiento. Más adelante regresaras a la objeción cuando trataras de triturarla para poder cerrar la venta. En el proceso la iras minimizando e irás haciendo un gran contraste entre todos los plus de tu producto contra una sola objeción. Tu cliente ya no podrá generar otra gran cantidad de excusas porque se verá deshonesto, además, ya dijo que esa era su única objeción.

Entre otras, tu tienes la ventaja de que ahora ya sabes a lo que te enfrentas, ya sabes cual es la objeción a destruir. Por si fuera poco, las objeciones siempre suelen ser las mismas y los vendedores estamos acostumbrados a escucharlas.

Digamos que tu cliente te dice que no puede comprar un auto Kia porque siempre ha comprado Hyundai, y que no le gusta experimentar con las marcas y mucho menos con un producto de ese precio. Muy bien, tu cliente te está dando la oportunidad de demostrarle que tan bueno eres para vender y que tan bueno es tu producto. Puedes decir algo así: "Bueno Luis, tú no vas a tomar ningún riesgo porque nosotros lo vamos a tomar por ti... Te damos ocho años de garantía porque sabemos que es un vehículo de óptima calidad. Ahora, puede ser que la marca sea nueva aquí, pero lleva más de tres décadas en el mercado asiatico. En el mundo de la tecnología siempre va a haber nuevas marcas porque es un mercado evolvente. Toma como buen ejemplo las marcas Dell o Asus en computadoras, cuando surgieron nadie sabia si serian un boom o un fracaso, y bueno de hecho resultaron ser todo un éxito, una como la marca líder para gamers y la otra como la marca más duradera y de más calidad para trabajo de oficina..."

La información que logres recabar durante el descubrimiento te será de enorme ayuda cuando sea el momento de rebatir objeciones. Digamos que durante tu primer intercambio de palabras con tu prospecto, el te platica que a su hija le interesa tu producto, y que bueno ha planeado comprarlo durante un tiempo porque todas sus amigas ya lo han hecho. ¡Bum!, te está compartiendo su motivo de compra, que es algo que tu debes saber a toda costa. Mas tarde cuanto tu prospecto te presente su objeción usaras ese motivo de compra para vencerlo.

Todo vendedor busca saber el motivo de compra de su prospecto, ¿que es el motivo de compra? Es lo que mueve a tu prospecto a comprar un producto, puede ser estatus social, satisfacción familiar, necesidad de ocio, viajes, liberacion de estres, complacer a su pareja, inversión o patrimonio familiar, tu nombralo... El punto es que tu debes averiguarlo e irte por ese rumbo, usarlo a tu favor o como contrapeso. Cualquier maestro de ventas te va a enseñar esto, encuentra el motivo de compra de tu prospecto para poderle vender. Si la objeción de tu prospecto es la clásica "es que es muy caro", tu réplica puede ser la siguiente: "Bueno Luis, tu y yo sabemos que lo bueno cuesta, pero ¿a poco le puedes poner un precio al placer de tu hija?..." Usas esta línea porque ya sabes cual es su motivo de compra y casi casi lo puedes chantajear con esa información. Los vendedores somos personas rudas y el único placer que les podemos conceder a nuestros clientes es el de tener lo que les estamos vendiendo.

EL CIERRE

En el mejor de los eventos, que es en sí el evento deseado, lograras cerrar la venta. Si todas las preguntas-cierre y demás técnicas te funcionaron, ¡genial! Ya tienes una venta y una comisión jugosa. No todos los prospectos te van a comprar, el propósito de este libro es ayudarte a venderle a todos los que sí te pueden comprar. Porque, por ilógico que parezca, hay muchas ocasiones en que los prospectos SI quieren comprar pero los vendedores no logran venderles. Los desaniman. Esto es lo peor que puede pasar.

Si se siguen todos los pasos y métodos de venta al pie de la letra, los logros llegan por "default." He visto vendedores que pasan mucho tiempo mostrando el producto, convenciendo, relatando historias de terceros, etc. ¡Pero no se atreven a pedir el dinero! No se atreven a solicitar las tarjetas de crédito o llegar al punto de concluir la venta.

Todo lo que el vendedor tiene que hacer es realizar tres preguntas cierre antes de pedir el dinero o de pedirle al prospecto (en definitiva) que compre su producto.

Si tu presentación es fenomenal, y tu cliente está encantado con el producto (y generaste suficiente expectativa), el mismo te pedirá el precio o una mejor oferta. Pero ojo, no todos los clientes son tan aventados. Algunos son tímidos y orgullosos, por el mismo orgullo el cliente no te pedirá un mejor precio. Ni te dira que es eso, el dinero, lo que lo detiene de realizar la compra.

Es muy probable que el este esperando ver un número más atractivo, más accesible. Si tu no se lo propones él no te lo dirá. Es más, él ni siquiera sabe si ya estas en tu precio mas bajo o hay margen de negociación.

A continuación voy a compartir cómo solicitar el dinero de tu prospecto para finalizar la venta.

Recuerda, aunque el precio sea alto, no lo pienses a partir de tu economía o recursos. Piensalo a partir de la economía o recursos de tu prospecto. Además, todo mundo sabe que lo bueno cuesta. La regla general es que al final del día todo se reduce al precio. Si es un precio que tu prospecto puede pagar hay probabilidad de hacer negocio. Si el producto que vendes es buen

o, lo vale, punto.

Cuando ya hiciste tu presentación y es momento de solicitar el dinero de tu prospecto, haz lo siguiente: 1. pregúntale si le gusto, pero de tal manera que su única respuesta pueda ser si. Algo así: "Señora Valle, anteriormente usted me mencionó que le gustaba este auto porque es fácil de conducir y es automatico. Me dijo también que le encantaba el color y el hecho de que es un SUV. Por último, me dijo que le gustaba el rendimiento del motor en cuestión de gasolina… Pero, dígame, en general, ¿le gustó este vehículo? Es muy poco probable que tu prospecto te diga que no, puesto que tu acabas de enumerar todos los plus que ella misma te dio del auto. Supongamos pues que te dice que si. Pasas en secuencia súper rápida a la siguiente pregunta. 2. ¿Cómo se beneficiaria usted, señora Valle, de tener este vehículo? Ella enseguida te dirá como. Tú le haces otra pregunta: 3. ¿Con qué frecuencia lo usaría? Cuando ella te contesta tu dices para ti mismo, pero que ella te escuche: "Ah entonces si le conviene." La cuarta y última pregunta puede ser cualquiera de las siguientes:

De los planes de financiamiento que tenemos, ¿cuál prefiere?, ¿el de 5 o el de 7 años?

¿Con qué tarjeta haría el pago inicial?

¿Lo va a conducir a su casa de una vez?...¿O prefiere que se lo enviemos con su obsequio?

Le voy a dar dos copias de las llaves de su auto nuevo, ¿está bien?

Es muy importante que esta última pregunta la hagas con seriedad. Si ya lograste llegar hasta este punto con tu cliente, es muy probable que esté nervioso(a). Además, como es así a quemarropa, puede pensar que es una broma. Por eso debes asumir la venta y preguntar con seriedad.

Te sorprenderás con las respuestas positivas que vas a obtener!

Un cerrador competente de nombre Oswaldo, quien ahora se encuentra en la República Dominicana haciendo ventas destacadas, me decía: "Tú no te pongas nervioso, que se pongan nerviosos ellos." Otra de sus líneas favoritas era: "los números son en frío." Estos consejos me sirvieron mucho en mis humildes inicios en las ventas. Me dije a mi mismo: "pues si, que se pongan nerviosos ellos, que son quienes van a desembolsar el dinero."

En las ventas no hay un mal comienzo. Como menciono en mi libro De Bancarrota a un Penthouse: una serie de tratos pequeños te preparan para un trato grande. Poco a poco te vas haciendo más sagaz y vas capitalizando de los errores que cometes. Porque en la próxima oportunidad que tienes ya los anticipas y buscas evitarlos.

Si en un principio fuiste más sutil, hacia el final de tu presentación tendrás que tornarte gradualmente más serio y ser más tajante. Tienes que hacer reaccionar a tu prospecto con preguntas bien calibradas como las siguientes:

¿Prefieres gastar en renta o invertir en tu propia casa?

Te mereces estrenar un carro, ¿si o no?

¿Qué es lo que te detiene de hacer la compra? ¿El dinero?

¿Te vas a esperar a que cueste más? Ya te mostré el incremento anual.

Ya viste cuánto cuesta en otra parte, ¿vas a dejar ir esta oportunidad?

Te demostré que te estoy ayudando, ¿si o no?

Te mostraré cómo esta propiedad va a subir de precio como todas las de esta zona. ¿Tu lo que me estás diciendo es que no quieres ganar dinero?

A menudo estamos encaminando al prospecto hacia una compra inteligente y el/ella no lo ve. Ahí es necesario hacerlo reaccionar con una pregunta retadora.

Recuerda que primero tienes que demostrarle a tu prospecto porque le conviene tu producto. Tienes que demostrarle la lógica de tal adquisición y después hacer las preguntas cierre.

No le puedes preguntar que si le conviene, que sí está de acuerdo, que si ella ve como estas tratando de ayudarla si antes no le has explicado los beneficios; si antes no le has hecho ver los esfuerzos que estás haciendo para mejorar un precio. Tienes que sonar convincente al decirle a tu prospecto como estas tratando de ayudarla. Vas a sentar las bases para convencerla con esa realidad. Una vez que ya has explicado los beneficios a detalle entonces solicitas algo de aprobación. O simplemente le puedes preguntar: ¿Si ves cómo te ahorrarias dinero? ¿Te queda más o menos claro por qué es mejor?

Si accede, regresas a él más tarde con esto para tratar de cerrarlo. Si por algo dice que no le ve el lado bueno, debes remontar tus argumentos y explicaciones. Es decir, poner tu pitch en turbo.

Es como moler café, estás a vuelta y vuelta. Este diálogo es algo que muchos vendedores aman. Les apasiona el arte de vender, y les emociona conocer nuevas personas que quizá se conviertan en sus clientes. Para ellos cada persona que se les aproxima es un prospecto y una oportunidad de ganar miles de pesos. Estos viejos lobos de mar rara vez dejan ir una oportunidad, y nunca discriminan a un prospecto por como habla, por como viste, por como luce.

Un gran maestro me dijo que el arte de cerrar una venta era la siguiente: llevar a tu prospecto por un túnel y taparle todas las salidas de escape para dirigirlo hacia donde tu quieres. Para dirigirlo hacia la venta.

Por último, no olvides utilizar la técnica de bajar tu precio si lo ves necesario. Pero también recuerda que no debes comenzar a bajar tu precio muy pronto porque si lo haces tus números perderan toda credibilidad. Debes de tener una muy buena excusa espontánea para justificar porqué bajas tu precio. Por ejemplo, yo diría algo así: "Disculpa Luis, ¿ya te platique sobre el programa para nuevos miembros?" Claro, es un lanzamiento de pelota en curva que tu prospecto ni se lo espera. En seguida le explicas que hay todo un programa para captar nuevos clientes y que ese plan incluye un descuento del 7%. Claro que para estos casos tu ya tienes impresos dichos documentos con distintos descuentos, los tienes de 7%, de 10% y hasta de 15%. Cuando presentas el certificado de descuento o "bienvenida" tu cliente ya no puede pensar que es algo chusco que se te ocurrió. Porque ahora ve todo un documento muy formal con letras doradas y el sello de tu empresa. Vaya, se tiene que ser ingenioso.

SEGUIMIENTO Y POST VENTA

La fase de seguimiento y post venta es la parte conclusiva de la venta, la venta en si no termina cuando el cliente te paga y firma los documentos. Para cerrar con broche de oro una venta interesante se le tiene que dar su respectivo seguimiento. En la mayoría de los países la ley protege al consumidor y le da un número de días para poder cancelar su compra si, durante estos días, resulta que el producto no es de su entera satisfacción.

Si lograste conectar con el cliente y tuviste una plática muy amena, lo más normal es que le hagas una llamada al día siguiente de firmar documentos y le invites un cafe. A veces uno de verdad le cae bien a las personas y te vas a ver muy falso si nomas estuviste muy amable y elocuente mientras tratabas de vender. Debes de ser genuino en este ámbito y realmente interesarte por tu cliente y lo que él necesita.

Con frecuencia van a surgir pequeños detalles e imperfecciones en el producto (o servicio) que están más allá de tu control. Digamos que acabas de vender una casa nueva, y un día después el cliente se da cuenta que hay un piso cerámico con una grieta y el agua de la regadera no sale bien. ¡Pero tú nunca te das cuenta de eso! ¿Por qué?, porque nunca tuviste el detalle de darle seguimiento a tu venta y entrevistarte con tu cliente una última vez. Ahora tu cliente está enfadado contigo, quiere cancelar y jamás de los jamases te va a recomendar con su compadre ni con su mejor amigo. Las ventas que ya casi te pertenecian por buenas referencias ahora no existen. Imaginate, las empresas crean todo un programa de referidos. ¿Qué es esto?, los programas de referidos incluyen las listas de personas referidas por clientes satisfechos. Los programas de referidos funcionan porque las personas se dan cuenta de la calidad de un producto mediante una fuente cercana. Un cliente insatisfecho es todo lo contrario, te aleja prospectos en vez de traerte clientes.

Volvamos al ejemplo de la casa que vendiste. Si te hubieras logrado entrevistar con tu cliente, te hubieras dado cuenta de la grieta en el piso cerámico y de la regadera tapada. De inmediato hubieras llamado a un técnico y lo hubieras resuelto. Te hubieras disculpado y subsanado la situación mencionando que esos detalles a veces están fuera de tu control pero que es tu responsabilidad entregar la casa impecable.

En otras ocasiones el cliente simplemente tiene dudas, no sabe cómo funciona el producto, como opera, que parte complementaria necesita de comprar, con cuales marcas es más compatible, etc.

Tu vas a lucir como un(a) gran vendedor(a) si le das seguimiento a tus ventas y te aseguras de la satisfacción de tu cliente. Para esto debes tener empatía y situarte aunque sea un poco del lado de tu cliente. El o ella está gastando su dinero y te está dando la confianza al comprar lo que vendes. Su confianza te está haciendo ganar dinero, lo menos que puedes hacer es invertir el tiempo necesario para asegurarte de que se cumplan sus expectativas de compra.

Te voy a ser honesto y te diré porque la mayoría de los vendedores no le dan el seguimiento postventa a sus clientes. Quizá la mayoría si tengan la noble intención de hacerlo y hasta la voluntad, pero simplemente son desorganizados. Si quieres estar por encima del vendedor promedio debes organizarte y no solo estar pendiente de cobrar tus comisiones. Hoy en día hay un sinnúmero de aplicaciones que te ayudarán a mantenerte organizado. En algunas hasta puedes incluir fotos o grabaciones de audio. Te recomiendo echar un vistazo a Google Keep y Calendly. Calendly hace maravillas en el rubro de bienes raíces porque le permite a tus prospectos encontrar un espacio en tu agenda y asignarse una cita contigo. Google Keep por contraparte te permite guardar notas de texto, fotos y grabaciones de audio a manera de recordatorios. Si usas la tecnología para ayudarte a simplificar tu trabajo irás por buen camino.

No puedo enfatizar lo suficiente cuán tan importante es dar seguimiento a tus prospectos, sobre todo en bienes raíces. El seguimiento adecuado simplemente significa más ventas. Imaginate que una persona te contacto porque quiere comprar una casa y planea usar su crédito. Clásico, vio uno de tus anuncios y te contacto, tu vas y checas cuantos puntos de crédito tiene y te dices a ti mismo: "Pff! , a este ritmo y con el salario que tiene, fácil le falta un año para alcanzar el préstamo." Si piensas asi aun no conoces la magia de este gran negocio. Este prospecto es una gran oportunidad de venta y lo encontraste muy a tiempo, creeme, hubiera sido un gran hallazgo que te lo hubieras encontrado a tan solo un mes de comprar, pero de esos te salen dos o tres veces al año.

De acuerdo, cual es el procedimiento con este prospecto, ¿que sigue? Bueno lo primero que tienes que hacer es motivarlo y decirle que tiene que seguir acumulando puntos por un año más, y que pues un año se pasa rápido. Acto seguido lo programas en tu CRM* para contactarlo mediante mensaje automático dentro de 6 meses. Obvio no lo vas a contactar hasta que se llegue la fecha, ¡te lo pueden ganar! Lo que es genial de todo esto es que si vas programando todas tus ventas, estas irán llegando periódicamente y periódicamente van a estar llegando tus comisiones en tiempo y forma.

Cuando recién inicié en bienes raíces me resultaba increíble darle seguimiento a un prospecto por un año, además de que me daba pereza. Pero conforme pasaba el tiempo me fui dando cuenta que mi jefe tenía todo sistematizado. Lo único que tenía que hacer con un prospecto era aplazarlo y programar un "recordatorio" en su CRM, de esta manera el mismo sistema le enviaba un mensaje y un correo al prospecto cuando se acercaba la fecha. Pero el sistema no dejaba de enviar notificaciones al prospecto hasta que este contestara, y una vez que contestaba mi jefe veía la respuesta en su bandeja de entrada. ¡No le costaba ningún trabajo el seguimiento!

Quiero que entiendas este negocio y como el seguimiento es tu mejor aliado y porque debes de ser un maestro en este proceso.

GLOSARIO

La intención de agregar este glosario es que tengas acceso rápido a la terminología de ventas y negocios. Quizás eres nuevo en este ámbito y te encontraste con varios términos que no conocías, más aún aquellos que se encuentran en el idioma inglés. Muy bien, pues aquí están, te deseo éxito en tu nuevo emprendimiento de aprender a vender.

Anclar: en el acto de vender, abrir con un precio e insistir en ese precio y justificar ese valor mediante argumentos válidos. De esta forma se ancla la mente del consumidor a ese precio original, y cuando se hace un descuento el cliente realmente siente que le conviene, pues ya se le había anclado al precio inicial.

Aislar objeciones: Cuando el prospecto presenta una objeción, el vendedor le pregunta si esa es la única cosa que lo detiene de comprar. De esta manera el vendedor aísla esa objeción y previene al prospecto de inventar más objeciones.

Asumir la venta: Durante el discurso de venta, dar por hecho que el prospecto comprará el producto.

Broker: En el medio inmobiliario, un broker es el intermediario entre el desarrollador (inversionista) y el cliente común. Por ejemplo, es quien coordina la venta de departamentos de un inversionista a las personas que los compren. También es quien juega un rol de intermediario a favor de un inversionista que compra propiedades de un vendedor de pequeñas o medianas propiedades. El significado de broker a pasado a tener algunas variantes en América Latina y aun dentro de Mexico.

Cerrar: El acto de concluir una venta exitosamente.

Cerrador/Closer: Vendedor con amplia experiencia para cerrar las ventas de sus prospectos y también las de sus compañeros vendedores. El maestro cerrador es el máximo estatus que alcanza un vendedor en una sala de ventas a raíz de su experiencia, conocimiento, pero sobre todo a través de las ventas que ha realizado.

Crear Valor: Enumerar y hacer mención de todas las cualidades de un producto durante un discurso de venta o pitch.

Costo de Cierre: porcentaje que se cobra como adicional al precio de un producto por el servicio del agente de ventas. Suele abreviarse CC.

Comisión: porcentaje del dinero total de una venta que se le da a un vendedor por su trabajo a manera de sueldo.

CRM: programa de computadora para manejar la relación con tus clientes (Client Relationship Management, por sus siglas en inglés)

Crear Urgencia: Hacer sentir al prospecto que si no aprovecha la oportunidad de adquirir tu producto, este se le irá de las manos. Generar un sentido de urgencia (compra) en tu prospecto mediante la supuesta escasez y exclusividad de tu producto.

Descubrimiento: Lo que logras averiguar sobre tu prospecto durante los primeros minutos que pasas con él/ella a base de preguntas elaboradas, el motivo de compra que logras descubrir, lo que lo motiva a comprar, si la mujer o el hombre toma las decisiones de compra, etc.

Drops: Bajar el precio a tu prospecto a la hora de intentar cerrar la venta; bajar el precio con alguna oferta como Oferta Especial para Nuevos Clientes u Oferta Especial para Clientes Repetitivos. Una mejora en el precio siempre debe de justificarse de manera genuina para que sea creíble o realista.

Enganche: porcentaje inicial que se paga cuando se hace una compra con un plan de financiamiento.

Equity: el capital que se tiene a favor cuando se está pagando una propiedad mediante un sistema de financiamiento.

Financiamiento: sistema de pago a crédito que se le ofrece al cliente mediante pagos establecidos a cierto plazo, comúnmente se genera mediante un banco o entidad financiera.

Front-to-back: Es un vendedor que ha ganado bastante experiencia y logra cerrar sus ventas sin ayuda de otro cerrador; un front-to-back es un experto cerrando sus propias ventas pero no las de otros vendedores. Un front-to-back puede ser llamado a cerrar las ventas de otros vendedores con menos experiencia, pero ese rol le pertenece al maestro cerrador, es decir, el Closer. Un front-to-back también puede solicitar la ayuda de un Closer en ventas difíciles; el front-to-back se encuentra solo un peldaño por debajo del maestro cerrador (Closer) y puede ser tan exitoso y generar los mismos números o mas que el maestro cerrador, pero solo es experto cerrando sus propias ventas.

Front-to-middle: vendedor que ha ganado algo de experiencia y deja de ser considerado un "liner", se le da un poco más de autonomía en el manejo de clientes o prospectos pero aún necesita de un cerrador para poder cerrar su venta y concluir. Se le conoce como front-to-middle porque lleva la presentación de venta hasta la mitad del proceso, que es donde interviene el cerrador y retoma la acción hasta el final.

Hacer sombra: estar presente durante una presentación de ventas con la finalidad de aprender.

Historias de terceros: historias de otros clientes que le cuentas a tu prospecto para motivarlo a comprar tu producto, se les llaman historias de terceros porque son historias de terceras personas. Podrías decirle a tu prospecto que tu cliente Juan lleva tres años consumiendo tu producto y que se siente muy bien, y que es a través de sus recomendaciones personales que has logrado expandir tu cartera de clientes.

Lay down: se le conoce así a una venta pro-cliente, una venta "regalada" o muy fácil.

Liner: vendedor novato de poca experiencia, comunmente asi se le conoce en el negocio de los tiempos compartidos. Es el vendedor en el peldaño más bajo de la jerarquía de vendedores en una sala de ventas.

Llamada a la acción: también conocida en inglés como "call to action"

Mentalizar: Instar a tu prospecto a imaginarse cómo se sentiría si ya fuera dueño de tu producto, o cómo lo usaría.

Movimientos laterales: opciones de enganche y financiamiento, tiempo del financiamiento y porcentaje del interés, precio y garantía que le propones a tu cliente para lograr la venta. También conocido como el "estira y afloja" en el que das un poco o cedes pero por otro lado recortas ciertos beneficios.

Motivo de compra: la razón primordial por la que a tu prospecto le interesa comprar un producto o servicio.

Objeciones: excusas reales o falsas que te puede interponer tu prospecto para no comprar lo que le ofreces.

Obtener compromiso: tienes que obtener algo de compromiso por parte de tu prospecto justo al principio de tu presentación de ventas, compromiso de que te va a escuchar y mantener su mente abierta a las propuestas. Si no obtienes compromiso de tu prospecto no tiene caso que agendes una cita y hagas la presentación. Al obtener compromiso lo puedes versar de la siguiente manera: "Cesar, estás de acuerdo en que esta es una presentación de ventas, ¿verdad? Y bien, todo lo que te pido es que mantengas una mente abierta a la posibilidad de comprar, si me compras, genial, y si no, seguimos siendo amigos. Solo me tomará 45 minutos explicarte porque esto funciona para la mayoría de las personas."

Plusvalía: cuando el valor de un bien inmueble va en aumento debido a la alta demanda de la zona en que se encuentra, o a raíz de la construcción de un edificio importante en la proximidad, o porque está cerca de edificios importantes, o cualquier otra razón ajena a una mejora o renovación en la propiedad o a lo que se encuentre dentro de la propiedad.

Presentación de ventas: El arte de presentar un producto a un prospecto con la intención de venderle, siguiendo todos los pasos establecidos en el proceso de venta, desde el descubrimiento hasta el cierre.

Preguntas cierre: preguntas bien diseñadas para mentalizar a tu prospecto a realizar la compra. Tales preguntas se formulan para que el cliente o prospecto conteste que si en todas las ocasiones. Un buen ejemplo es la siguiente pregunta: "Todos buscamos comprar la mejor calidad por el mejor precio posible, ¿cierto?"

Prospecto: persona con el potencial de convertirse en tu cliente, ya sea que tu lo contactes primero o el/ella a ti.

Propositivo: En este contexto, el hacer propuestas de venta, generar alternativas de compra, de pago o financiamiento, instar al prospecto a realizar la compra de varias formas.

Pitch: Discurso de ventas diseñado para convencer a un prospecto.

Play House: Simulación orquestada dentro de una sala de ventas para motivar a los prospectos. En esta simulación algunos vendedores fingen ser clientes y otros vendedores que acaban de realizar una venta, comúnmente destapan una botella de vino espumoso para celebrar el nuevo trato y firman documentos.

Rebatir objeciones: superar todas las posibles objeciones de tu prospecto mediante argumentos elaborados para lograr aterrizar la venta. El vendedor debe anticipar todas las posibles objeciones y sobre todo las más comunes y estar preparado para rebatirlas sutilmente.

Seeding/Semilleo: el semilleo es la siembra de ideas en la mente de tu prospecto para instarlo a comprar, es el acto de dar información atractiva pero inconclusa a tu prospecto, para dejarlo con ganas de saber más… Para generar expectativas y hacer tu producto atractivo. Por ejemplo, casi al inicio de la presentación le puedes decir a tu prospecto "más delante te voy a explicar como puedes ganar más dinero si inviertes con nosotros…" Ya sembraste esa idea en la mente de tu cliente y una gran expectativa, pero ya explicaste que lo vas a explicar mas delante, lo cual te da tiempo de hacer tu presentación.

Spiff: bono en efectivo que se le otorga a un vendedor al realizar una venta.

Take-away: Hacer sentir a tu prospecto que ha perdido algo que ya le habías ofrecido, como cuando pones una condición de por medio para dárselo. Esta técnica puede funcionar si el cliente quiere recuperar ese beneficio que ya sentía suyo y hace la compra con tal de recuperarlo.

Tour: recorrido que se le da a un prospecto a fin de mostrarle la propiedad en venta.

T-Pitch: Discurso de venta en forma de "T", donde se hace una comparativa de lo que tu ofreces versus lo que ofrece la competencia. La lista de lo que ofrece la competencia comúnmente se escribe primero del lado izquierdo, después se hace la lista de lo que tu ofreces del lado derecho. Esta lista comparativa busca contrastar lo que tu ofreces con lo que ofrecen los demás, haciendo ver las varias razones por lo que tu producto o servicio es mejor.

Valor agregado: Cualquier valor adherido a una propiedad, llamense arboles frutales, pozos artesanos, almacenes, arroyos que corran a través del predio, etc. Para considerarse valor agregado tales cosas o beneficios se tienen que encontrar dentro de los límites de la propiedad, de lo contrario se les podría considerar plusvalía, pero no necesariamente.

Venta pro-cliente: Venta en la que el cliente toma la iniciativa de comprar.

Venta pro-vendedor: Venta en la que el vendedor tomó la iniciativa de vender.

www.ingramcontent.com/pod-product-compliance
Lightning Source LLC
Chambersburg PA
CBHW030453220526
45464CB00006B/2523